KB218688

팀 켈러는 《탈기독교 시대 전도》에서 포스트모던 시대에 복음을 전하려면 먼저 사람들 생각 속에 있는 문화 내러티브의 모순을 드러내는 방식으로 복음을 전해야 한다고 말했다. 이 말을 들으면 모두 고개를 끄덕이지만 정작 한국 사회 속에서 어떻게 적용해야 하는지를 알기란 쉽지 않다. 박길웅 목사의 《버리기 잘한 습관들》은 오늘날 만연해 있는 문화 내러티브의 모순들을 적절히 드러내면서 복음이 그 해답임을 설득력 있게 전달하는 책이다. 짧고 간결한 문장 속에 복잡한 신학 체계들이 정교하고 세심하게 들어가 있다. 깊이 고민했지만 쉽게 표현하는 저자의 내공이 고스란히 드러나 있다. 개인주의와 물질주의로 대두되는 이 시대 속에서 다양하게 나타나는 잘못을 포착한 저자의 설명을 들으면 '아, 내가 이래서 이런 삶을 살았구나!' 하는 깊은 깨달음을 얻을 것이다. 간결하고 쉽지만, 깊이 있는 이 귀한 책을 꼭 일독하기 권한다. 톨레 레게!

고상섭 | 그사랑교회 담임목사, CTCKOREA 이사

이 책은 단순하고 명료하며 성경적이고 따뜻하다. 무엇이 잘못된 것인지, 무엇이 진리인지 모르고 살아가는 이 시대에 꼭 필요한 책이다. 저자는 단호하게 말한다. 하나님으로부터 힘을 얻어 잘못된 습관들을 버리고 좋은 습관들로 채워 가기를, 우리 삶이 예수님으로 더욱 충만하게 채워지기를 요청한다. 《버리기 잘한 습관들》을 읽고 하나님 앞에 삶을 바로 세워가는 그리스도인이 많이 생겨나고, 그들이 세상에 선한 영향을 끼치길 믿어 의심치 않는다.

김민주 | 작가, 《나는 개성공단으로 출근합니다》 저자

삶에 지쳐 무력감을 느끼는 순간은 누구에게나 예고 없이 찾아온다. 아무것도 할 수 없을 것만 같을 때, 저자의 단상은 내면을 흔드는 감정이 나만의 일이 아님을 깨닫게 하며 삶을 찬찬히 돌아보게 한다. 인생의 무게에 짓눌린 이들이 이 책을 통해 충분한 위로와

쉼을 얻고 다시 걸어갈 힘을 얻게 되기를 바란다.

김병삼 | 만나교회 담임목사, 《하나님의 숨결》 저자

그리스도인이라면 누구나 거룩한 삶을 꿈꾼다. 그리스도의 장성한 분량에 이르기까지 삶의 모든 영역에서 하나님의 통치가 임하기를 소망한다. 하지만 성화는 결코 한순간 이루어지는 극적인 경험이 아니다. 박길웅 목사는 《버리기 잘한 습관들》을 통해 우리가 미처 인지하지 못한 우리 내면의 태도와 경향을 성찰하게 해준다. 너무나 사소해서 돌아보지 못한 부분까지 점검하며, 삶의 모든 영역을 하나님에게 내어 드리도록 안내한다. 이 책을 통해 지금도 우리를 빚어 가시는 하나님의 손길을 경험하기를 기대한다.

송태근 | 삼일교회 담임목사, 《그리스도 안에서 함께 하라》 저자

누구나 고치고 싶은 습관 하나쯤은 있다. 이 습관은 오랜 시간 반복하며 우리 삶에 박혀 있는 것이기에 혼자 힘으로는 해결할 수가 없다. 《버리기 잘한 습관들》은 도무지 고쳐지지 않는 바로 그 습관들을 들고 하나님 앞에 나아가게 한다. 그리고 그 빛 앞에 비추어 보자고 권면한다. 책을 읽는 내내 더 이상 습관들에 매이지 않고, 하나님 말씀에만 매여 자유를 얻고자 하는 깊은 열망이 마음을 채우는 것을 경험했다. 이 책을 읽은 이들마다 말씀과 복음 안에서 예수님을 닮은 삶의 습관들이 아름답게 세워져 가기를 진심으로 소망한다.

수이브흐 | 그림 묵상 작가, 《예쁜 말 성경》 그림 작가

삶에 자리 잡은 잘못된 습관들은 우리의 말과 행동을 통해 나타난다. 때로는 무기력하게, 때로는 탐욕스럽게 가득 채운 삶의 습관들

은 하나님에게 나아가지 못하게 하고, 은혜로 채워질 영역까지 잠식하게 만든다. 이 책을 통해 나의 삶 속에서 이미 우상이 되어 버린 버려야 할 습관들을 점검해 보고 하나님에게 나아가는 믿음의 삶을 살아 내도록 하자.

오병훈 | 영락교회 3040세대 전담 목사

입맛은 생각만으로 쉬이 변하지 않는다. 우리 마음의 굶주림, 사랑도 마찬가지다. 우리는 결코 만족할 수 없는 우상을 갈망하도록 오랫동안 훈련받았다. 따라서 굶주림의 방향, 습관을 바꿔야 한다. 습관이 우리 영성을 지배한다고 해도 과언이 아니기 때문이다. 이 책은 사소한 습관이 어떤 메커니즘으로 영성에 영향을 주는지 섬세하게 그려 내고 있다. 마치 우리 마음과 심리를 들여다보듯 하여 여러 번 놀라게 된다. 어느새 펜을 들고, '버리고 싶은 습관' 리스트를 적고 있는 내 자신을 발견했다. 좋은 습관을 만들어도 영적 침체를 벗어나지 못하는 분, 영성의 습관을 바로잡고 싶은 분들에게 꼭 추천하고 싶은 책이다.

우성균 | 행신침례교회 담임목사, 《행신교회 이야기》 저자

영향력 있는 사람들은 '해야 할 것'(To do list)보다는 '하지 말아야 할 것'(Not to do list)을 작성한다는 글을 읽은 적이 있다. 이것은 거룩한 삶을 추구하는 그리스도인들에게도 적용된다. '거룩'이라는 단어는 '버린다'는 의미를 포함하기 때문이다. 그런 의미에서 《버리기 잘한 습관들》은 읽어 볼 만한 정도의 책이 아니라 그리스도인이라면 반드시 읽어야 할 책이다. 이 책은 우리가 버려야 할 습관이 무엇인지 거울같이 보게 하고, 바른 습관으로 채워 가시는 하나님의 손길을 창문같이 보게 한다. 우리에게는 이런 책이 꼭 필요하다.

정석원 | 목사, 《청소년, 기도 많이 걱정 조금》 저자

이사할 때면 평소 사용한 적도 없고, 있는지조차 몰랐던 물건들을 발견하곤 한다. 그런 물건을 모아 과감히 버릴 때면 그동안 내가 얼마나 불필요한 것들을 쌓아 놓고 살았는지를 깨닫게 된다. 습관은 어떤 면에서 이와 비슷하다. 어느새 너무나 자연스러워 그것이 나에게 필요한 것인지 불필요한 것인지도 모른 채 우리는 버려야 할 습관들을 안고 살아간다. 그렇게 나와 한 몸이 되어 버린 잘못된 습관은 알아차리기 쉽지 않다. 박길웅 목사의 《버리기 잘한 습관들》은 스스로도 눈치채지 못했던 우리의 잘못된 습관들을 세세하게 이야기해 주면서, 그 자리에 하나님을 통해 채워질 새로운 좋은 습관을 소개한다. 이렇게 되기까지는 쉽지 않겠지만, 이 과정이 전혀 불편하지 않다. 박길웅 목사는 누구보다 따뜻한 음성과 목소리로 우리에게 하나님을 통해 세워질 새로운 습관의 터전으로 이사할 것을 권유한다.

조재욱 | 목사, 《물음에 답하다》 저자

이 책은 마치 나를 잘 알고 있는 상담 선생님과 대화하고 있다는 착각을 불러일으킬 정도로 모든 이가 공감할 만한 주제로 가득하다. 이 시대의 트렌드에 맞게 짧은 호흡으로 구성된 책이지만, 결코 그 내용은 가볍지 않다. 특히 일상생활에서 거룩한 습관을 회복하여 하나님의 사람으로 살아 내길 원하는 모든 청년에게 강력하게 추천한다.

주성하 | 목사, 오륜교회 청년국장

버리기 잘한 습관들

버리기 잘한
습관들

박길웅

삶을
바로 세우는
신앙의 원칙

구름이 머무는 동안

• 이 책의 본문은 '을유1945' 서체를 사용했습니다.

(너희가) 새 사람을 입었으니
이는 자기를 창조하신 이의 형상을 따라
지식에까지 새롭게 하심을 입은 자니라.

골로새서 3장 10절

비

눈

흐림

맑음

하늘에 구멍이라도 난 줄 알았습니다. 쉴 새 없이 내리치는 비바람에 옴짝달싹하지 못한 채 멍하니 창밖만 바라보았습니다. 하루를 기분 좋게 보내 겠다는 마음속 다짐은 온데간데없이 사라지고 습 관처럼 불평이 솟구쳐 올라왔습니다.

우리 삶 곳곳에는 굳은살처럼 박여 있는 잘못된 습 관들이 있습니다. 늦은 밤 단잠을 빼앗는 미디어의 유혹, 위기를 모면하기 위한 거짓말과 변명, 남을 미워하는 마음과 험담으로 가득한 병든 마음 ······. 이러한 '잘못된 습관들'을 삶에서 꺼내야 합니다.

무엇이든 세우기 전에는 반드시 허무는 과정이 필요합니다. 이처럼 좋은 습관을 만들기 위해서 는 우리 안의 잘못된 습관을 버리는 과정이 선행 되어야 합니다. 우리에게 끈끈하게 붙어 있는 삶 의 방식들을 철저하게 버리기 위해서는 하나님에게 나아가야 합니다. 오직 하나님만이 우리를 변화시키실 수 있으니까요.

가만히 서 있으면 그저 땅이지만, 한 걸음 내딛으면 길이 됩니다. 아무것도 하지 않고서는 결코 우리 삶이 달라질 수 없습니다. 변하고자 하는 작은 몸부림이 하나님을 따르는 바른 삶의 길로 우리를 인도할 것입니다.

부디 이 책을 통해 그동안 우리 삶에 켜켜이 쌓아 온 버려야 할 습관과 강박에서 벗어나기를 소망합니다. 그리고 하나님이 주시는 평안함 안에서 삶을 바로 세워 가는 놀라운 일들이 일어나기를 기도합니다.

그리스도인들의 바른 삶을 소망하며
박길웅

비

내 마음대로
살고 싶어

#통제받기싫어하는습관

누구나 자신의 삶을 통제받는 것을 싫어한다. 예수님을 믿게 되면, 하고 싶은 것을 못할 것 같아 왠지 마음이 불편하다. 하나님 말씀을 다 지키고 살아야 할 것 같아서 답답함이 차오른다. 세상 사람들은 자기가 하고 싶은 대로 편하게 사는데, 그리스도인은 왜 통제받으며 살아야 할까? 그저 세상 사람들의 자유가 부러울 때가 많다. 돈, 시간, 선택, 그 어떤 것이든 원하는 대로 할 수 있는 그 자유로운 삶이 좋아 보인다.

그런데 과연 그 자유가 정말 좋은 것일까? 물고기는 물속이 답답하다고 밖으로 나가면 반드시 죽게 된다. 그리스도인도 그리스도 밖으로 나가면 물 밖으로 나간 물고기와 같은 신세가 되어 버린다. 하나님에 대한 감각이 죽고, 죄에 대한 예민함이 죽는다. 하나님이 우리 삶에 얼마나 필요한 존재인지를 잊고 살게 된다.

우리에게 필요한 것은 내가 삶을 이끌어 가는 힘이 아니라 하나님에게 이끌려 가는 힘이다. 이 힘은 우리가 그리스도의 영역에서 벗어나려는 순간, 하나님이 우리를 다시 끌어당기셔서 돌아오게 하는 힘이다. 믿음이 좋다는 것은 큰일을 해내는 것이 아니라 하나님을 떠나지 않으려 애쓰고 몸부림치는 열심이다.

하나님 안에 머무는 진정한 자유를 누리자. 우리에게 필요한 자유는 하나님이 선물해 주신다. 자유는 스스로 만들어 가는 것이 아니다. 우리 인생의 지도를 가지고 계신 분에게 우리 삶을 온전히 맡기자. 그분 안에서 누리는 자유로운 삶은 결코 답답하지 않다.

인생의 모든 순간은
선택으로 이루어집니다.
우리는 그 선택이
틀리지 않기를 바랍니다.

우리의 선택은 언제나
불확실하고 부족하지만
하나님의 인도하심은
언제나 완벽합니다.

남들이
내 눈치를 봐요

#기분대로하는습관

반응은 살아 있는 자들에게만 주어진 특권이다. 기쁠 때 웃고, 슬플 때 우는 가장 기본적인 감정이라 할지라도 말이다. 그러나 기본적이라고 해서 결코 가벼운 것이 아니다. 주변에는 이런 감정들을 올바르게 표현하는 사람들이 생각보다 적기 때문이다.

감정을 표현하는 것, 기분을 드러내는 것은 때와 장소를 구분해야 한다. 분별력을 잃어버린 감정 표현은 그저 기분에 따라 행동하는 것과 다를 바 없다. 이럴 때 우리는 감정으로 일을 그르치거나 관계를 망쳐 버릴 수 있다. 감정은 하나님이 우리에게 주신 아주 좋은 선물이다. 그러나 이런 분별력을 상실한 감정적인 태도가 하나님의 선물을 가장 위험한 도구로 바꾸기도 한다.

우리는 기분에 따라 행동하기 전에 항상 생각하는 습관을 가져야 한다. 작은 행동 하나라도 하나님의 성품을 드러낼 수 있기 때문이다. 지나치게 감정적인 태도는 결국 자신은 물론이고 다른 사람도 불편하게 만든다. 하나님은 우리가 세상에서 서로 관계 맺으며 살아가길 원하신다. 그래서 기분이 태도가 되지 않게, 기분이 습관이 되지 않게 생각하는 힘을 길러야 한다.

우리가 감정과 기분을 표현하는 것 자체는 잘못이 아니다. 다만 지나치게 감정적인 태도를 가지지 않기 위해서는 '왜'라는 질문을 던져 보는 것이 좋다. 나는 지금 '왜' 화가 나는가? 나는 지금 '왜' 이토록 기쁜가? 자연스러운 반응 앞에서도 이런 질문을 던질 때, 감정에 따라 일을 그르치는 실수를 줄일 수 있다.

스스로에게 질문하며 생각할 때, 그만큼의 여유가 생긴다. 화를 더디 낼 여유, 기쁨을 더디 표현할 여유. 이 시간에 주어진 상황을 조금 더 세심하게 둘

러볼 수 있다. 느리지만 조금 더 확실하게 행동할
수 있다면, 기분에 따라 우리 삶이 흔들리는 것을
막을 수 있다.

하나님이 우리에게 주신 감정은 좌우에 날 선 날카
로운 검과 같다. 잘 가다듬어 사용할수록 더욱 귀
해진다. 우리 감정은 생각을 만날 때, 더욱 빛난다.

화내고 후회하고,
화내고 후회하고

#분노하는습관

―――――――――――――――――――――――

별거 아닌 일에 갑자기 화내는 사람이 있다. 그러고 나서 곧 화낸 것에 대해 사과한다. 하지만 얼마 못 가서 또 같은 일로 분노를 표출한다. 이렇게 습관적으로 화내는 습관은 내가 원하는 대로 상황이 흐르지 않을 때마다 분노를 참지 못한 것이 삶의 패턴으로 굳어진 것이다. 내 뜻대로 되지 않기 때문에 자기 분에 못 이겨 화내는 것이다. 그런데 내가 모든 것을 통제하고, 다른 사람을 내가 원하는 모습으로 만들려는 행동은 스스로 하나님의 자리에 앉으려는 욕심이다.

우리 삶에 굳건히 자리 잡은 분노의 습관은 개인의

평판이나 이미지를 망칠 뿐만 아니라 그리스도를 전하는 복음의 길도 막히게 한다. 따라서 화내고 싶은 마음이 들 때에는 우리의 모든 생각과 행동이 하나님 아버지의 사랑을 전하는 것에 영향을 끼친다고 생각하면 도움 된다. 자녀에게 하나님의 사랑을 알게 하는 것, 예수님을 모르는 이들에게 복음을 전하는 것 모두 분노하는 습관에 영향받기 때문이다.

분노하는 것은 불을 내는 것과 같다. 분노가 지나간 자리는 모든 것을 태워 버린다. 상황도, 관계도 복구하기가 힘들 정도로. 특히 그 대상이 가족이나 사랑하는 사람인 경우가 많다. 이들과의 관계는 금방 쉽게 회복할 수 있다고 생각하기 때문이다. 하지만 '화'에 대한 후회는 아무리 빨라도 늦다. 화난 이유도 중요하지만, 화낸 이후의 일도 생각해 보자. 그래도 다 불태워 버리고 싶은가.

성공과 실패는
우리가 분노할 수밖에 없는 상황에서
어떻게 행동하는지에
달려 있습니다.

나중에
하지 뭐

#미루는습관

우리는 종종 해야 할 일을 미룬다. 게으름이 원인일 때도 있지만, 무언가 일을 완벽하게 해내려 하다 보니 아예 일을 시작하지 않는 것이다. 이렇게 쌓인 일들은 결국 해결하기 어려운 거대한 일이 되어 버린다.

어려운 일을 만나면 우리는 회피하려고 한다. 피해서 문제가 해결되면 좋겠지만, 현실은 그렇지 않다. 왜냐하면 그 일들은 반드시 다시 만나게 되기 때문이다. 이렇게 우리는 오늘 해야 할 일을 하지 않음으로 내일을 불편하게 만든다.

완벽한 시간, 최고의 때에 하겠다는 생각은 결국 모든 일을 미루는 사람으로 만들어 버린다. 그래서 미루는 습관을 버리는 가장 쉬운 방법은 상황을 따지지 말고 할 일이 생각나면 바로, 즉시 하는 것이다. 방이 지저분하다고 생각되면 바로 정리하는 것, 연락해야 할 사람이 생각나면 바로 안부 전화하는 것. 이런 작은 일들이 모여서 습관을 만든다.

예수님도 이 땅에서 해야 할 일을 미루지 않으셨다. 배고픈 자들의 배를 채우시는 일이나 아픈 자들을 고치시는 일에도 언제나 즉각적으로 반응하셨다. 단순히 예수님은 부지런한 사람이어서가 아니었다. 해야 할 일이 무엇인지 알고 계셨기 때문이다.

아직 미루는 습관을 버리지 못했다면, 지금 내 앞에 있는 작은 일부터 하나씩 해 보자. 일의 결과는 하나님이 이루신다. 최고의 작품을 만들겠다는 부담감 때문에 일을 미루지 말자. 완성은 하나님이 하신다.

게으름을
이겨 내는 방법

#무기력한습관

해야 할 일이 쌓여만 간다. 일도 제대로 하지 못하고, 마음이 답답한 채로 오랜 시간이 지났다. 오랜 무기력과 게으름에 빠져 살다 보니 이제는 사람을 만나는 것조차 피하게 된다. 점점 게으름의 모습은 삶의 습관이 되어 간다. 한두 번 게으르다고 해서 큰 문제가 생기는 것은 아니지만 시간이 흐를수록 그간 감추어져 있던 문제가 드러나게 된다.

몇 가지 행동으로 그 사람을 게으르다고 판단할 순 없지만, 대체로 게으름과 무기력에서 빠져나오지 못하는 경우를 보면, 게으름 자체보다는 그 이면에 있는 불안과 두려움이 문제의 원인일 때가 많다.

혹시나 잘 안될 거라는 염려가 어려운 일을 피하게 만들고, 결국 게으르고 미루는 삶의 방식이 굳어 버리게 된 것이다.

그렇다면 어떻게 게으름을 극복할 수 있을까? 당장 일어날 힘도 없는 무기력한 사람에게 열정을 가지라고 말하는 건, 바른 해결책이 아니다. 당장 게으름을 이겨 낼 힘이 없다면, 먼저 우리가 있어야 할 그 자리를 지키는 것부터 시작해야 한다.

믿음 안에서 생활하는 것은 특별한 게 아니다. 나의 하루의 주인은 하나님임을 고백하고, 그분을 기쁘시게 해드리는 삶을 살아 내는 것이다. 큰일을 하지 않아도 괜찮다. 주어진 하루를 온전히 보낸다면 그것으로 족하다.

우리의 소명을 기억하는 것도 게으름을 멈추는 좋은 방법이다. 하나님의 말씀을 매일 읽는 것도 게으름을 벗어나는 데 도움 된다. 말씀은 하나님이 주신 소명과 열정으로 살아가야 하는 이유를 기억나게 하기 때문이다.

게으름을 해결하기 위해서 하나님에게 더욱 나아

가자. 우리를 아무것도 하지 못하게 만드는 그 불안과 두려움에서 벗어나 안전한 곳으로 나아가자. 하나님이 날마다 우리와 함께하시며, 우리 삶은 절대로 무너뜨릴 수 없는 그분의 놀라운 사랑과 평안으로 가득하다는 것을 잊지 말자.

손해 보면서는
살기 싫은데

어떤 순간에는 이기적으로 자신을 지켜야 할 때가 있다. 또한 어떤 순간에는 다른 사람들을 위해 자신의 이익을 포기해야 할 때도 있다. 그렇기 때문에 무엇이 정답이라고 말할 수는 없지만, 나만을 위해 다른 사람을 불편하게 한다면 그것은 분명 정답이 아니다. '어떻게 살아야 할까' 고민될 때에는 말씀 속에서 올바른 삶의 방향을 찾아보면 된다.

성경을 보면 예수님은 다른 사람들을 위해 자신을 내어 주는 것이 얼마나 가치 있는 일인지 몸소 보여 주셨다. 인생에서 가장 선하고 좋은 것이 무엇인지 알고 계셨다. 그리고 그 희생과 헌신, 예수님의 이타적인 삶은 결국 예수님 자신에게 가장 큰 유익이 되었다. 예수님의 희생이 우리를 구원의 자리로 이끌었고, 우리의 구원받음은 그분의 가장 큰 기쁨이 되었기 때문이다.

남을 위한 희생은 결코 손해가 아니다. 희생은 부메랑 같다. 희생하면 우리의 유익은 내 손을 떠나 멀리 사라져 버린 것 같지만, 결국 다시 돌아와 내 손에 안긴다. 예수님이 베푸신 사랑이 결국은 우리가 예수님을 사랑하게 만든 것처럼. 자신보다 남을 먼저 생각하신 예수님의 그 마음, 우리의 하루가 그런 향기 나는 꽃으로 피어나길 기도해 본다.

상황을 모면하려고
시작한 일

누구에게나 감추고 싶은 것이 있다. 나에게 불편하거나 적절하지 못하다고 여길 때, 우리는 그것을 유독 감추려 한다. 이렇게 무언가를 감추고 가리려 할 때 거짓말이라는 열매가 자연스레 맺힌다.

우리는 거짓말할 때 마음에 불편함을 느낀다. 이런 불편함조차 느끼지 못한다면, 마음에 하나님이 주신 양심이 아닌 거짓이 덧입혀진 것이다. 거짓말할 때 우리 스스로도 그것이 거짓말이라는 것을 안다. 거짓은 철저하게 우리 안에서 계획되어 나온 죄의 모습이다.

하나님은 거짓말을 무척 싫어하신다. 거짓말은 하나님을 대적하는 사탄의 속성이다. 사탄은 처음부터 거짓말하는 자였으나, 하나님에게서는 거짓의 단 한 면도 찾아볼 수 없다. 하나님에게 어둠이 없는 것처럼 거짓도 없으시다. 우리가 거짓말을 한다는 것은 하나님을 대적하는 것일 뿐만 아니라 사탄의 속성에 동참하게 되는 것이다.

하나님은 우리가 당신을 닮기 원하신다. 손해 보지 않으려고 어쩔 수 없이 한 거짓말이라도 하나님은 기뻐하지 않으신다. 하나님은 풍요로우나 거짓으로 가득한 사람보다 빈곤할지라도 정직한 사람을 원하신다. 하나님은 우리 삶을 이익과 손해가 아닌 거짓과 정직의 기준에서 판단하신다는 사실을 잊지 말자.

그분이 일하셨던
흔적들

_____

머릿속으로만 생각하는 선명한 기억보다 직접 기록한 흐릿한 잉크가 오래 남는다. 아무리 좋은 기억이라도 머릿속에만 남겨 둔다면, 잊어버리기 십상이다. 생각에만 머무는 습관은 버려야 한다. 좋은 생각일수록 더욱 그렇다. 기억하고 기록하는 습관은 우리 삶을 더욱 풍성하게 만들어 준다.

성경도 그렇다. 가장 소중한 것을 늘 잊고 사는 우리를 위해 하나님은 친히 말씀을 기록하셨다. 잊고 싶어도 잊을 수 없고 지우려 해도 지워지지 않는다. 하나님의 말씀은 그렇게 우리 가슴에 새겨졌다. 우리가 하나님의 길에서 이탈할 때에도 언제나 다시 돌아볼 수 있다.

이렇게 기억하려는 마음이 중요하지만 이보다 중요한 것은 기록의 주제다. 오늘 하루 나를 인도하신 하나님에 대한 감사, 하나님의 뜻을 거역했던 죄악들에 대한 회개, 여전히 하나님을 사랑한다는 나의 고백. 이런 것들은 우리가 결코 놓치지 말아야 할 하나님과 나만의 아름다운 주제들이다.

기억하면 소중해진다. 아니, 소중한 것들은 기억하고 싶어진다. 나에게 가장 소중한 것들을 무심코 흘려보냈던 습관을 버리기로 다짐한다. 화려하지 않아도, 돋보이지 않아도, 내게 주신 하나님의 사랑을 천천히, 오래도록 끄적여 본다.

숨으시는
하나님

#보이는것만믿는습관

우리는 보이는 것에 약하다. 눈에 보여야 비로소 안정감을 느끼게 된다. "눈으로 볼 수만 있다면 무조건 믿을 수 있지!" 믿음에 있어서도 우리는 조건을 걸 때가 있다. 눈에 보이지 않는 것을 믿는 일은 노력해도 잘 되지 않는 것이 사실이다.

이스라엘 백성도 그랬다. 그들이 무너져 가는 시기에 나타난 특징이 하나 있다. 보이지 않는 하나님보다 보이는 세상의 우상에 더 마음을 두는 것이다. 그들은 이렇게 고백했다. "눈에 보이는 신상에 절하고 제사를 드리니 이전의 삶보다 훨씬 좋아졌어!"

하나님은 영이시기에 눈에 보이지 않는다. 그래서 믿기 어려울 수 있다. 그러나 보이지 않으시는 하나님의 능력은 제한이 없으시다. 눈에 보이는 것들을 믿는 것은 엄연한 의미에서 진정한 믿음이 아니다. 사실을 인식하는 그 이상, 그 이하도 아니다. 믿음은 보이지 않아도 존재하는 것으로 받아들이는 것이다. 그렇게 믿기로 결단하고 실제로 그렇게 살아가는 것이다.

하나님은 우리가 어떤 것에 연약한지 매우 잘 알고 계신다. 그래서 하나님은 앞으로도 우리 눈에 더 보이지 않으셔야 한다. 우리는 아무런 생각 없이 믿는 맹목적인 신앙이 아니라 치열하게 고민하고 두려워하며 나아가는 신앙을 가져야 한다. 그렇게 더듬거리며 끝내 하나님을 붙들 때 우리 믿음은 더욱 견고해진다.

타인의 눈치를
너무 보는 것 같아요

#상처받는습관

―――――――――――――――――――――――――――

상처에 무덤덤해진다는 말은 사실 불가능한 일일지도 모른다. 우리는 늘 누군가를 사랑하고 서로에게 기대하는 존재라서 필연적으로 상처를 주고받기 때문이다.

주변에 쉽게 상처받는 사람들이 있다. 그게 내 모습일지도 모른다. 우리는 상처 주는 것이 문제라고 하지만 사실은 쉽게 상처받는 것도 문제다. 상처 주는 사람은 그것이 상처 주는 행동인지 모르고, 상처받는 사람은 그 문제를 해결하지 못한다. 그래서 서로 늘 같은 자리에서 같은 문제를 반복하는 것이다.

상처받는 이유에는 여러 가지가 있겠지만, 다른 사람의 평가나 시선에 신경을 많이 쓰다 보면 쉽게 상처받게 된다. 우리는 모든 사람과 친하게 지내고 잘 지내려는 마음을 내려놔야 한다. 나에게 자주 상처 주는 사람이 있다면 이렇게 생각해 보자. '이 사람에게 나의 마음을 빼앗기지 말자. 나의 진심을 아는 분에게 최선을 다하자. 나를 품어 주시는 안전한 곳이 있다.'

예수님은 마음의 상처에 어떻게 반응하셨을까? 3년간 함께했던 제자들이 모두 배신하고 떠났을 때, 예수님은 어떤 마음이셨을까? 우리를 대신하여 십자가에서 죽으셨지만, 그 과정은 비난과 조롱의 연속이었다. 멋지고 영광스러운 죽음이 아닌 수치 가득한 죽음이었다. 그래도 예수님은 침묵하셨다. 다가오는 모든 상처에 일일이 반응하지 않으셨다.

나에 대한 평가나 시선에 너무 많이 신경 쓰지 말자. 상처받지 않기 위해 강박적으로 인간관계에 집착하지 말자. 감정 소모에 힘들어 하지 말자. 나에 대한 오해가 생기지 않도록 한 명 한 명 붙잡고 해명하지 않아도 괜찮다. 상처는 불과 같아서 담아둘

수록 뜨겁게 타오른다. 그러니 재빨리 마음에 난 불을 하나님에게 건네 드리자.

지금 누구한테 안 좋은 소리를 들어서 상처받았다면, 나에 대한 나쁜 소문으로 억울하다면 나의 서운함, 억울함을 알아주시는 하나님 앞에 먼저 나아가자. 하나님의 말씀은 우리가 어디에 상처를 입었는지 알게 해주신다. 그리고 그 상처를 조금씩 아물게 하실 것이다.

너무 화가 나요.
너무 무기력해요.
너무 외롭고 슬퍼요.

하나님만이 해결해 주실 수 있는
우리 감정의 문제들.

내 불안은
어디서 왔을까?

#의심하는습관

걱정과 염려로 가득한 인생을 사는 사람이 있다. 일을 시작하기 전부터 '혹시'와 '만약'이라는 상황을 만들어 불안해 하며 멈춰 선다. 만약을 대비해 철저히 준비하는 것도 좋은 일이지만, 보통 걱정과 의심은 우리의 발걸음을 더디게 하거나 완전히 멈추게 한다.

성경에도 의심 많고 염려하는 사람들이 나온다. 그러나 하나님은 그들을 책망하시거나 나무라지 않으셨다. 오히려 그들의 의심을 말끔히 해소시켜 주셨다. 하나님은 의심하는 연약한 우리를 혼내지 않으신다. 문제를 해결해 주시고 두려움을 평안으로 바꾸어 주시기를 더 기뻐하신다.

우리 안에 있는 의심은 하나님을 신뢰하지 못할 때 나타난다. 이런 불안과 의심을 이겨 내기 위해서는 '혹시'와 '만약'이라는 두려움으로부터 거리를 두어야 한다. 모든 일이 하나님의 보호하심 안에서 이루어지듯이, 우리가 걱정하는 일들도 하나님의 손에 붙들려 있음을 기억해야 한다.

의심으로 삶의 문제를 결코 해결할 수 없다. 어떤 일이 일어나든지 하나님의 선하신 뜻 안에 있음을 날마다 마음에 새기자. 우리의 불안과 염려는 날마다 하나님을 신뢰해 가는 연습을 통해 사라질 것이다. 오늘도 하나님은 말씀하신다. "의심과 두려움 대신 내가 주는 평안을 받으렴."

'그런 일이 생기면 어쩌지?'
걱정과 불안 속에서 살고 있나요?

매일의 삶이 위태롭게 느껴진다면
내 안에 하나님의 사랑이
충분하게 채워지지 않았다는
뜻일지도 모릅니다.

중요한 건
그게 아니야

#점검하지않는습관

자신을 잘 돌보지 못하는 사람이 있다. 자신의 상태에 대해서는 크게 관심이 없는 것이다. 요즘 무엇이 부족한지, 어떤 부분에 지나친 에너지를 쏟고 있는지 반드시 점검해야 함에도 그렇게 하지 않는 것이다. 몸이 망가지고, 건강을 해치는 것도 이런 문제로 시작되는 경우가 많다.

신앙생활도 마찬가지다. 점검하지 않는 신앙생활은 그냥 흘러가는 대로 만들어진다. 우리는 본성이 죄인인 자들이다. 가만히 내버려 두면 보이는 대로 믿게 되며, 사는 대로 생각하게 된다. 그러나 하나님은 우리에게 분명한 삶의 기준과 목적을 알려 주셨다.

자신의 만족을 위해 살지 않는 것. 하나님을 위해 사는 것. 이것이 우리 삶의 기준과 목적이다. 하나님을 위해 살려면 하나님이 주신 기준에 맞춰 우리 자신을 점검해 보아야 한다. 하나님이 주신 그 기준은 바로 성경이다. 세상이 말하는 선행을 넘어, 기도와 말씀으로 우리를 점검해야 한다.

점검은 우리 삶을 무너뜨리기 위한 도구가 아니다. 점검하는 삶은 하나님 앞에 우리를 바로 세우기 위한 과정이다.

눈

미래를 알면
더 행복해질까?

#내일을예측하는습관

내일은 또 어떤 일이 일어날까? 한치 앞도 알 수 없는 막연한 인생 가운데 우리는 내일을 예측하고 기대한다. 앞으로 일어날 일들을 안다면 더 잘 살 수 있을 텐데, 더 재미있게 살 수 있을 텐데 ……. 그러나 안타깝게도 하나님은 우리에게 내일을 예측하는 능력이나 기술을 허락하지 않으셨다. 아무리 기도해도, 아무리 말씀을 읽어도 돌발 상황들을 미리 알 수 없다.

하나님은 왜 우리에게 내일 일을 알려 주지 않으실까? 이해할 수 없는 여러 이유가 있겠지만, 적어도 한 가지 확실한 것은 우리가 내일 일을 아는 것이 하나님 편에서는 그리 중요한 일이 아니라는 것이다.

우리가 내일 일을 알고 싶어 하는 가장 큰 이유는 '안정감'을 얻고 싶어서다. 불확실한 미래는 오늘을 염려와 걱정 가운데로 몰아넣는다. 내일 일을 알 수 있다면 미리 대비할 수 있기 때문에 마음이 안정되는 것이다. 그러나 아이러니하게도 안정감이 우리와 하나님 사이를 멀어지게 한다. 더 간절히 하나님을 찾을 이유가 없어지는 것이다. 우리는 불안할 때, 하나님을 찾는다. 염려와 걱정이 많을 때, 하나님 앞에 더 간절히 엎드린다.

하나님은 내일 일을 우리에게 알려 주셔서 안정감을 누리게 하시는 것보다 하나님을 더 간절히 찾게 하시는 방법으로 우리를 사랑하신다. 더 가까이에 두고, 더 친밀하게 불러오시는 것이 하나님이 우리를 사랑하시는 방법이다. 스스로 내일의 주인이 되어 이끌어 가려 하지 말라. 오히려 내일을 감추어 두시고 인도하시는 하나님의 순전한 종이 되는 것이 우리에게는 더 큰 은혜다.

빨리
답을 알고 싶어요

신앙생활을 수학 문제 풀듯이 하는 사람들이 있다. 푸는 과정이 어떻든 정답만 맞히면 된다는 태도를 가진 사람들이다. 그러나 신앙생활은 수학 문제가 아니다. 답을 찾기 위해서 하나하나의 과정들을 섬세하게 살펴보는 것이 신앙생활에 더 가깝다.

문제에 오류가 있다면 아무리 풀어도 바른 정답을 얻을 수 없다. 그래서 우리는 답보다 문제를 더 꼼꼼히 살펴보아야 한다. 가치 있는 삶이란, 어떻게 살든 결과적으로 부자가 되는 것이 아니다. 오히려 가난이라는 과정을 통해 하나님이 우리에게 요구하시는 답을 찾아가는 것이다. 의미 있는 삶이

란, 결과적으로 성공하여 성취감을 얻는 것만이 아니다. 오히려 실패라는 시련을 통해 앞으로 나아갈 방향을 배워 가는 것이다.

결과만을 바라보면 결과를 우상으로 모시고 살게 될 것이다. 결과를 우상으로 모시고 살면 인내하지 못한다. 어떻게든 목적 달성을 해야 하기 때문이다. 이는 철저하게 하나님의 성품과 반대된다. 하나님은 오래 참으며 인내하는 분이다. 시간이 걸리더라도 하나님은 우리 삶의 모든 과정에 간섭하기를 원하신다. 시작부터 하나님과 함께해야만 하나님이 원하시는 매듭을 지을 수 있다.

신앙생활은 내가 얼마나 많은 것을 이루어 냈는가를 드러내는 삶이 아니다. 오히려 나의 삶을 통하여 하나님이 옳으셨음을 증명해 내는 삶이다.

분주함과
신속함 사이에서

#분주한습관

신속한 것과 분주한 것은 다르다. 빠르게 일하면 한정된 시간 안에 많은 일을 할 수 있지만, 분주함은 우리를 넘어지게 할 수 있다.

그렇다면 우리는 왜 분주해질까? 나보다 먼저 빨리 달려가는 사람들 속에서 속도를 맞추지 못할 때, 다른 사람들에 비해 자신이 무능력해 보이거나 게을러 보인다고 느낄 때 우리는 분주해지게 된다. 가치 있는 일보다 욕심에 마음을 빼앗길 때 분주해지게 된다.

하나님은 우리에게 '빠르고 신속한' 삶을 요구하지

않으신다. 세상은 우리에게 '빠르게' 사는 것을 요구하지만, 하나님은 우리에게 '바르게' 사는 것을 요구하신다. 속도가 아닌 방향의 중요함을 말씀하신다.

분주한 삶을 내려놓기 위해서는 인내의 시간을 통과해야 한다. 씨앗을 심고 다음 날 바로 거둘 수 없듯, 믿음의 씨앗도 열매 맺기까지 시간이 필요하다는 것을 인정해야 한다. 습관이 된 분주함을 버리기 위해서 우리는 매일 말씀 앞에 나아가야 한다. 우리 마음이 하나님에게 고정될 때 분주해지지 않기 때문이다.

분주함의 탈출구는 우리 삶을 유혹하고 요동치게 만드는 것을 외면하고 생각과 시선이 하나님에게 고정될 때만이 열린다.

다른 것에
마음을 빼앗기지 않겠어

#산만한습관

우리는 습관적으로 스마트폰을 들여다본다. 책을 읽다가도, 밥을 먹다가도, 자꾸만 스마트폰 화면을 건드린다. 아무런 용건 없이 그저 습관적으로 이것 저것 확인한다. 이렇게 몇 번 반복하다 보면, 지금 하고 있던 중요한 일들을 잊게 된다.

집중하는 삶은 중요하다. 집중력은 일의 효율성을 높여 준다. 게다가 불필요한 곳에 낭비하는 우리의 에너지도 줄여 준다. 물론 우리는 기계처럼 일할 수는 없다. 그럼에도 우리가 집중력을 발휘할 때, 얻게 되는 것이 많다.

집중을 잘하기 위해서는 주변에서 들려오는 소리에 덜 예민해져야 한다. 눈에 보이는 것들에 마음을 빼앗기지 말아야 한다. 그래서 가끔은 조용한 시간과 장소가 필요하다. 더 보고 싶고, 더 듣고 싶은 세상은 우리 마음을 분산시키기에 충분하다.

큰일뿐만 아니라 삶의 작은 순간에도 집중하는 것이 중요하다. 삶의 모든 순간이 신앙과 연관되어 있기 때문이다. 삶에 집중을 잘하는 사람은 하나님에게도 집중을 잘할 수 있다. 예배 시간에도 하나님에게 집중하면, 다른 것들에 마음을 빼앗기지 않게 된다.

하나님도 우리 한 사람 한 사람에게 집중하신다. 수많은 사람이 있다고 해서 결코 나에게 소홀하지 않으신다. 언제나 각 사람에게 진실하시고, 성실하시다. 우리는 하나님이 우리를 향해 보여 주신 그 집중력을 닮아야 한다. 그분이 주신 모든 삶에, 그 삶을 주신 하나님에게 집중하는 믿음의 습관이 우리에게 필요하다.

안전한 곳이
좋아요

#모험을회피하는습관

모험은 되도록 피하고 싶다. 안전함이 좋기 때문에. 힘든 일은 괜히 만들지 않고, 주어진 환경에 만족하는 것이 최고인 것 같다. 높은 파도에 다가가지 않는 것이, 그저 해변에서 편히 누워 쉬는 것이 상책이다. 괜히 물에 빠져 죽느니 가만히 있는 게 나으니까.

물론 이런 생각이 나쁜 것만은 아니다. 그리스도인이라고 늘 고난과 역경 가운데서만 살아야 하는 것은 아니다. 하나님은 우리를 안전한 곳으로 인도하시고, 우리에게 늘 좋은 것을 주신다. 이렇게 하시면서 하나님은 기쁨을 누리신다. 다만, 하나님이 우리에게 주시는 좋은 것들이 단 하나의 모습이 아니라는 점을 기억해야 한다.

때로는 견디기 힘들 만큼 어렵고 곤란한 시간을 지나가게도 하신다. 우리는 이 곤란한 시간이 거친 풍랑같이 느껴질 때가 많다. 하나님은 우리가 그 파도를 헤쳐 나가기를 원하시지만, 우리는 거친 풍랑이 이는 바다를 마주하면 두려움부터 생긴다. 하지만 그 바다 위에 예수님이 서 계시다면 어떨까? 그렇다면 이야기가 달라진다.

하나님 없이 홀로 하는 모험은 두려움도 크겠지만 위험하기도 하다. 그러나 하나님과 함께하는 모험은 우리에게 좋은 기회이며, 그 여행은 안전하다. 예측할 수 없는 일들로 앞으로 나아가는 것이 불안하고 두렵다고 해서 안전한 곳에만 머물러서는 안 된다. 우리가 가 보지 않은 두려움의 시간들은 예수님이 이미 걸으신 길이다. '알 수 없음'이 두려움의 원인이라면, 우리 인생 전부를 이미 알고 계신 하나님으로 인해 안전함을 느껴 보라.

2,000년 전 예수님의 말씀에 따라 물 위를 걸었던 베드로처럼, 우리에게도 예수님을 믿고 담대하게

걸어가는 모험이 필요하다. 모험은 우리가 하나님을 얼마나 의지하고 있는지 확인할 수 있는 좋은 방법이다.

기회를
놓쳐 버렸어요

#후회하는습관

그것이 기회였다는 걸 지나고 나서야 깨달았다. 어젯밤 달콤했던 꿈처럼 이제는 언제 다시 내게 올지 알 수 없다. 우리는 기회가 왔을 때 단번에 알아차리고 싶어 하지만 그것은 쉽지 않다. 어떻게 하면 하나님의 때, 하나님이 주신 기회를 알 수 있을까?

하나님과 더욱 친밀해져야 알 수 있다. 하루 중 하나님과 보내는 시간이 없다면, 하나님의 때와 주시는 기회를 알기는 어렵다. 우리가 매일 기도하고 성경 읽는 시간을 내어 하나님에게 나아가야 하는 이유가 여기에 있다. 하나님을 의지하고, 기다리는 우리에게는 모든 순간이 하나님이 주시는 기회다.

세상의 모든 일은 하나님의 계획 안에서 일어난다. 우리가 다 알 수는 없지만 모든 일에는 특별한 의미가 있다. 때로는 우리의 바람과 다르게 흘러갈지라도 하나님은 반드시 뜻을 이루어 가신다.

우리가 살아 낸 하루는 결코 사라지지 않는다. 하나님은 우리의 모든 날을 기억하고 계신다. 기회만 포착하려고 애쓰고 그때만 신경 쓰며 살아가는 것이 아니라 매 순간 성실함으로 하나님과 동행하는 하루를 살아가자. 하나님이 우리에게 주시는 모든 순간이 우리에게 가장 좋은 시간들임을 기억하자. 기회를 잃지 않는 것은 하나님이 주신 하루에 성실하게 살아 낼 때 가능해진다.

역시나 이번에도
무너지겠지

#포기하는습관

세상은 언제나 우리가 원하는 대로 돌아가지 않는다. 오히려 기대와는 다른 결과들을 맞이할 때가 많다. 그럴 때마다 포기하고 싶고 주저앉고 싶어진다.

무너질 수밖에 없는 상황을 온몸으로 막아 내며 버티는 것은 너무나도 어렵다. 이전에 경험했던 일과 비슷한 상황을 맞닥뜨리면 지레 겁먹고 또 다시 무너지고 만다. 나를 무너뜨렸던 기억이 그나마 조금 남아 있던 힘마저 빼앗아 간다. 견디는 것은 참 힘든 것이다.

강인함은 특별한 사람들에게만 주어지는 것일까? 태풍을 견뎌 낸 열매는 그 존재만으로도 귀하다. 흠집이 나고, 상처가 있어도 태풍을 견뎌 낸 열매는 농부에게 기쁨을 준다. 포도나무이신 예수님에게 우리도 잘 붙어 있기만 하면 그 어떤 비바람도 견뎌 낼 수 있다. 습관적으로 상황에 무너졌던 지난 시간들과 달리 이제는 넘어지지 않는다.

무너지지 않는 삶은 오직 하나님 안에서만 가능하다. 하나님은 세우시는 분이다. 삶으로 다가오는 비바람도 다스리시는 분이다. 흔들릴 때, 무너지려 할 때 하나님을 찾아야 한다. 그리고 그 앞에 엎드려야 한다. 하나님의 도우심만이 우리를 무너지지 않게 한다.

이미 무너졌어도 괜찮다. 하나님이 무너진 우리를 거뜬히 세우실 것이다. 전보다 빨리, 전보다 강하게 세워질 것이다. 우리를 무너뜨렸던 상황들이 다시금 기억 속에서 우리를 괴롭히려 할 때, 강하게 거부해야 한다. 나 혼자라면 무너질 수밖에 없지만, 하나님 안에서라면 결코 무너지지 않을 것이다.

늘 이기며 살 수는 없지만,
성장하며 살 수는 있습니다.

상처와 흉터가 많은가요?
당신이 열심히 살아왔다는 증거입니다.

하나님이 들어오실 문을
잠그다

#과신하는습관

"해낼 수 있어. 힘내! 강해져야 해!" 우리는 이런 응원의 소리를 많이 듣는다. 힘을 내지 않으면 살아남기 힘들고, 완벽하게 준비하지 않으면 뒤처질 수밖에 없다고 세상은 끊임없이 말한다. 물론 열심히 달려야 할 때가 있다. 그런데 계속 힘을 내야만 잘 살 수 있는 것일까? 언제까지 달려야 강해질 수 있을까?

하나님은 우리가 약해져야만 살 수 있다고 말씀하신다. 부족하고 힘이 약해도 괜찮다고 말씀하신다. 그러나 이것은 무능력해도 된다는 말이 아니다. 우리 힘으로 아무것도 할 수 없다는 것을 인정하고,

하나님을 의지하고 함께해야 한다는 것을 말씀하시는 것이다.

우리는 때로 자신의 능력을 너무 신뢰함으로 하나님이 들어오실 문을 굳게 걸어 잠근다. 하나님이 우리 삶에서 역사하시도록 자리를 내어 드리기 위해서는 그 문을 활짝 열어 놓아야 하는데 말이다.

누구에게나 연약한 빈자리가 있다. 우리는 인간의 노력으로 그 연약함을 채우려 하지만, 그 자리는 하나님만이 채우실 수 있다. 하나님은 우리의 연약함을 무능력함이나 무가치함으로 보지 않으신다. 오히려 우리의 연약함은 하나님이 우리 안에 오시는 통로가 된다. 약할 때 강함 되시는 하나님을 경험하기 위해서는 우리의 무능력함을 먼저 인정해야 한다. 연약함은 우리의 단점이 아니다. 하나님이 들어오실 문을 활짝 열어 주는 가장 귀한 열쇠다.

떠나지 않으면
경험할 수 없는 일

#안주하는습관

"특별히 좋은 일이 일어나지 않아도 괜찮아. 삶에 큰 문제만 없으면 좋겠어." 이런 생각이 나쁜 것은 아니다. 그런데 문제는 우리가 안정된 삶을 원하는 것에 반해, 하나님은 그런 삶을 송두리째 바꾸신다는 것이다.

보통 한곳에 잘 정착한 삶을 안정적이라 말한다. 하나님은 지극히 평범하고 '안정적인' 삶을 살아가던 아브라함에게 찾아오셨다. 그리고 그의 삶을 흔들어 놓으셨다. 어디로 가야 할지 정확한 목적지 없이 그저 불안한 마음으로 걸음을 옮겨야 했다. 그동안 이루어 놓았던 모든 것을 버리고 떠나야만

했다. 그의 손에는 아무것도 없었지만 확실한 건, 그는 하나님의 손에 온전히 붙들려 있었다는 사실이다.

하나님이 우리에게 가지고 있는 모든 것을 내려놓고 떠나라고 하실 때가 있다. 지금 내가 누리고 있는 안정적인 삶, 내가 가지고 있는 것들로 인해 생기는 아쉬운 마음은 당연하다. 지금 여기에서 더 많은 것을 할 수 있고, 더 좋은 선택을 할 수 있을 것 같은 생각이 드는 것도 충분히 이해된다.

그러나 우리가 자주 잊고 사는 것이 있다. 안전한 곳에서 스스로 애쓰며 사는 것보다 낯선 곳일지라도 하나님의 보호를 받으며 사는 것이 훨씬 안전하다는 사실이다. 광야는 나 혼자 가는 것이 아니다. 우리가 어디를 가든지 하나님이 함께 가신다. 우리 삶의 목표는 안정된 삶이 아니라 하나님으로 인해 안전하다는 것을 기억하는 것이다.

하나님의 인도하심을 받는 일은 떠나지 않으면 경험할 수 없다. 하나님이 주시는 선물은 내 것을 내려놓지 않으면 얻지 못한다. 우리를 인도하시는 하나님의 구름을 삶에서 발견하는 것은 큰 축복이다.

흘러가는 구름을 멀리서 바라마 보지 말고, 내 삶에서 역사하시는 하나님의 구름을 발견하고 따라가 보자.

밤이 되면 깜깜한 어둠으로 인해
두려움을 느끼나요?
아니면 하늘에서 빛나는
별의 아름다움을 보고 있나요?

칭찬받지 않으면
우울해요

칭찬은 우리를 춤추게 할 만큼 힘이 있지만, 바닷물과도 같아서 우리를 한없이 목마르게 한다. 바닷물은 마실수록 갈증이 나듯이 칭찬도 들을수록 그 희열에 점점 몰두하게 되어 결국 삶이 건강해지지 못한다.

칭찬받으려는 것이 일의 목적이 되면 안 된다. 칭찬받고 난 후의 진정한 목적을 상실하기 때문이다. 목적을 상실한 사람은 방향을 잃고 방황하게 된다. 칭찬을 목적으로 붙잡아 둘 것이 아니라 바람같이 여기는 자세가 필요하다. 무더운 여름날 시원하게 불어오는 바람같이, 느낄 수는 있으나 잡아 둘 수 없는 홀연한 마음가짐이 필요하다.

칭찬으로 자신의 존재를 인정받고 싶어 하지 않아도 괜찮다. 하나님의 자녀는 큰 성과를 올리는 순간뿐만 아니라, 무너지는 순간에도 여전히 하나님의 자녀이기 때문이다. 사람의 칭찬에 목말라 하지 말자. 오히려 매 순간 우리를 붙드시고 칭찬하기를 기뻐하시는 하나님의 말씀을 잘 들을 수 있도록 귀를 열고 집중하자.

이것이 기독교가 말하는 비밀이고 신비다. 보이는 것에 매이지 않고, 보이지 않는 것에 가치를 둘 수 있는 마음. 칭찬은 오직 하나님으로부터 올 때 진정한 가치가 있다.

우리가 실패하는 이유는,
하나님 대신 우리의
의로움을 나타내고

만족스러운 나 자신이
되려 하기 때문입니다.

하나님과
씨름하기 싫어요

#고민하지않는습관

생각하지 않는 신앙은 건강하지 않다. 오늘날 기독교는 신앙생활의 많은 부분에서 묻거나 따지는 것을 불편해 한다. 아무런 고민이나 생각 없이 무조건적으로 믿는 믿음을 '좋은 믿음'이라 여겨 왔다.

물론 신앙은 우리의 상식과 이해를 넘어서는 '믿음'의 영역이다. 그러나 생각하고 고민하는 과정 없이, 강요에 의한 믿음은 후에 더 큰 부작용을 만들어 낸다. 특히 한 번도 생각해 보지 않았던 어려운 문제를 만나게 되면, 더 크게 흔들리고 휘청거리게 된다.

하나님이 주시는 것들에 대해 생각하고 고민하는 것. 어쩌면 믿음 없는 연약한 모습으로 보일 수 있다. 그러나 고민은 건강하고 바른 믿음을 위해서 반드시 거쳐야 하는 필수 과정이다. 우리가 아무리 '이해'의 영역으로 다가간다 할지라도, 하나님은 '믿음'의 영역으로 우리를 인도하시기 때문이다.

우리가 이해하지 못해도 하나님은 여전히 하나님이시다. 우리의 이해와 믿음과는 상관없이 하나님의 존재는 변하지 않는다. 그렇다고 고민하고 씨름하는 과정이 불필요하다는 것이 아니다. 하나님을 향한 씨름은 그분을 향한 간절함에서 나온다. 하나님의 뜻을 더 알고 싶고, 더 이해하고 싶은 마음에서 나오는 행위다. 하나님과 더 깊은 교제를 원한다면, 이 씨름의 자리에 기꺼이 초대받아야 한다.

하나님은 그런 우리를 믿음 없다 하시지 않고, 오히려 "사랑하는 나의 자녀"라 불러 주신다. 하나님 앞에서 믿음으로 씨름하는 것은 자녀 됨의 특권이다.

흐림

기도 없이도
모든 일이 잘될 때

#기도와거리두는습관

기도하지 않고도 일을 잘 해내는 사람들이 있다. 더 능력 있어 보이고, 남들보다 앞서 가는 것 같아서 그들이 부러울 때도 있다. 하지만 이런 '기도 없는 능력자들'이 우리에게 좋은 본보기는 아니다.

기도는 어려운 일을 당할 때만 하는 것이 아니다. 평소에는 내 마음대로 살다가 하나님이 필요한 순간에만 도움을 요청하는 것이 기도의 본질이 아니다. 기도는 하나님을 믿는 이들만 누릴 수 있는 특권이다. 항상 먼저 기도로 일을 시작할 때, 하나님이 역사하시는 순간을 볼 수 있다.

실패만 두려운 것일까? 우리는 하나님 없는 성공을 더 두려워해야 한다. 하나님 없는 시작, 하나님 없는 성공, 하나님의 부재를 전혀 느끼지 못하는 삶을 철저하게 경계해야 한다.

물론 기도하지 않아도 잘될 수 있다. 또한 기도해도 잘 안 될 수 있다. 기도의 목적은 기도 제목의 성취가 아니다. 모든 일의 결과가 하나님에게 달려 있음을 인정하는 데에서 기도가 시작되고 그것은 믿음이 된다. 우리가 해야 할 가장 중요한 일은 하나님에게 맡기고 기도하는 것이다.

하나님은 '성공이냐 실패냐'에 관심 없으시다. 우리가 기도하며 하나님과 동행했는지를 가장 중요하게 여기신다. 인생의 모든 날을 지나 하나님 앞에 섰을 때, 그분은 물으실 것이다. "너는 얼마나 나에게 기도하며 살았느냐?"

빨리 슬픔을
잊고 싶어요

#슬픔을못견디는습관

신앙생활을 잘해도 슬픈 일이 생기기 마련이다. 하나님이 슬픔에 빠진 우리를 어떻게 위로하실까? 빨리 그 슬픔을 잊도록 도와주실까? 그러나 우리의 바람과는 달리 하나님은 단순히 우리가 겪는 슬픔보다 우리의 인생 전체에 더 관심을 두신다.

하나님이 보시기에 슬픔 없는 삶이 가장 좋은 삶은 아니다. 하나님은 슬픔 가운데 우리와 가장 가까운 곳에 함께하심을 알려 주신다. 우리가 고통과 고난 가운데 있을지라도 하나님과 함께하는 시간을 기대하게 만드신다.

기쁨은 오래, 슬픔은 짧게 느끼고 싶더라도 슬픔에
도 극복의 시간이 필요하다는 것을 알아 두자. 슬
픔에서 빨리 벗어나지 않아도 괜찮다. 고통 중에
얼마 동안의 침묵은 매우 중요하다. 고통 속에서
울부짖던 욥에게도 침묵의 시간이 있었다. 욥에게
그 침묵의 시간은 결국 수많은 대화보다 큰 위로가
되었다.

너무나 슬픈 나머지 울고 싶어도 눈물이 나지 않을
때가 있다. 얼마나 슬프기에 눈물조차 나지 않는
걸까? 당사자가 아니라면 누구도 그 고통의 깊이
를 알 수 없다. 누군가가 큰 슬픔 가운데 있을 때에
는 어설픈 위로가 아닌, 그 곁을 묵묵히 지키는 침
묵의 위로가 더없이 큰 힘이 된다.

애써 슬픔을 벗어나려 했던 습관을 과감히 버리자.
슬픔도 하나님이 우리에게 허락하신 감정임을 기
억하자. 천천히, 그리고 차분히 슬픔을 딛고 일어
나면 된다. 도무지 이겨 낼 수 없는 고통과 고난의
시간을 보내고 있다면, 하나님 앞에서 잠잠히 침묵
해 보자. 우리 곁을 떠나지 않으시는 하나님에게
위로를 얻도록 하자.

사람마다 고난을 대하는 자세가 다릅니다.

어떤 사람은 하나님을 가장 먼저 찾습니다.
그래서 고난당한 후에 크게 자랍니다.

하지만 대부분의 사람은 어려운 일을 만나면
좌절하고 세상의 방법을 먼저 찾습니다.

당신은 누구를 먼저 찾습니까?

내 뜻대로 되지 않으면
불안해

#통제하는습관

우리가 세운 계획대로 되지 않으면 당황스러울 때
가 있다. 이것은 내가 상황을 '통제'하려는 마음이
있기 때문이다. 내가 예상한 시나리오대로 모든 것
이 흘러가기를 바라는 마음이 생기는 건 당연하다.
하지만 이런 삶의 태도가 지속되면 결국 자신은 물
론이고, 함께하는 사람들까지도 자신의 계획 안에
서 통제하려는 문제가 생긴다.

물론 계획이 잘 세워지면 실수를 줄일 수 있다. 그
래서 만약의 상황에 대비하여 계획을 세우는 것이
다. 그러나 계획은 세우는 것보다 실천하는 것이
어렵다.

철저한 계획은 중요하지만 우리 삶이 지나치게 계획적일 때, 하나님의 역사가 일어날 작은 틈조차 생기지 않는다. 우리 계획이 아무리 완벽하더라도 크고 위대하신 하나님을 다 담아 내지 못한다. 때때로 하나님은 우리 계획을 넘어서는 '변수'로 다가오신다.

상황은 하나님이 만들어 가신다. 우리의 계획이 하나님의 뜻보다 우선이 되어서는 안 된다. 통제할 수 없는 상황들도 받아들여야 한다. 계획대로 되지 않아도 하나님은 언제나 그 자리에 계신다는 것을 기억하자. 하나님의 '변수'는 계획에 사로잡힌 우리에게 좋은 선물이 된다.

오늘도 망했어.
내일도 그렇겠지

#자포자기하는습관

시간은 결코 우리를 기다려 주지 않는다. 영원할 것만 같던 시간일수록 더욱 빠르게 지나간다. 무던 해지는 것이 능사가 아니다. 그러나 순간의 감정에 머물다 다가오는 시간들을 맞이하지 못하는 것 또한 무책임한 모습이다. 오늘 하루는 반드시 지나고, 내일은 분명히 온다. 어제도 그랬던 것처럼.

우리는 하나님의 시간 속에 산다. 어디서 무엇을 하든 하나님의 시간 속에 머문다. 우리가 시간 속에 머물 듯, 시간은 하나님 안에 머문다. 그래서 우리가 하나님의 시간 속에 사는 것이 된다. 하루라는 시간 속에 하나님은 우리에게 어떤 것들을 기대하고 계실까?

오늘 하루가 마음대로 되지 않았다고 해서 지나치게 낙망할 필요는 없다. 잠자리에 들기 전 오늘의 부족함을 살펴보는 것으로 충분하다. 오늘의 부족함은 내일 주어지는 새로운 도화지에 다시 그리면 된다. 어제가 없으면 오늘도 없다. 오늘을 잘 살아 내는 것이 내일을 잘 살아 내는 가장 좋은 방법이다. 우리의 어제와 오늘, 그리고 내일이 하나님을 만나는 삶의 현장이 되고 하나님의 은혜로 풍성하게 채워지길 간절히 소망한다.

일어나
처음 하는 일

#아침을허비하는습관

첫사랑은 마음에 오래도록 남는다. 하루의 첫 시간도 우리 기억 속에 온종일 남는다. 이른 아침에 읽은 말씀이 온종일 마음에 남아 그날의 삶을 지탱하는 것처럼.

하루의 첫 시간은 남은 하루를 결정한다. 어떤 시작을 하는가에 따라 남은 시간도 그대로 따라온다. 아침부터 불필요한 것에 시선을 빼앗기고 나면, 남은 하루를 보내면서 중요하지 않은 것에 마음을 주게 된다.

오늘 나의 모습을 돌아보자. 아침에 일어나 가장

먼저 한 일은 무엇이었을까? 눈뜨자마자 스마트폰부터 만지며 하루를 시작했을까? 아니면 일어나지 않은 일에 대한 지나친 염려로 시작했을까?

아침을 더욱 활기차고 싱그럽게 맞이하기 위해 버려야 할 나의 안 좋은 습관을 찾아내자. 그것들을 버리도록 연습하자. 하루의 출발이 무겁거나 부담스럽지 않게, 가벼우면서도 힘차게 아침을 맞이하도록 해 보자. 무엇으로 하루를 시작할지 모르겠다면, 기도나 성경을 읽는 것으로 시작하는 것도 좋다.

이른 아침에 하는 기도 역시 온종일 생각난다. 눈뜨자마자 그 자리에서 하나님을 생각하며 이야기하듯 기도해도 좋다. 또는 맑은 정신으로 독립된 공간을 찾아 잠시 오늘 하루를 맡기는 기도를 하는 것도 좋다. 하나님은 하루의 시작을 맡기는 그 마음에 관심 있으시다. 이처럼 하루를 하나님과 교제하는 것으로 시작하는 것은 우리가 건강한 신앙생활을 하는 데 큰 도움이 된다.

지금까지의 생활 방식을 바꾸는 것은 단 한 번의 행동으로 만들어지지 않는다. 뜻대로 잘 되지 않아도 괜찮다. 매일매일 주신 하루의 기회를 다시 살아 내면 된다. 이 노력들이 모여서 좋은 습관을 이룬다. 우리의 모든 시간은 하나님 앞에 차곡차곡 쌓여 삶이 된다.

하루를 거룩하게 시작하는 것은 특별한 사람들에게만 허락된 것이 아니다. 하루라는 시간은 우리 모두에게 공평하게 주신 하나님의 선물이다. 하지만 이 선물을 가꾸고 다듬어 가는 것은 우리의 몫이다. 오늘부터 시작해 보자.

그 사람이
미워집니다

#미워하는습관

미워하는 마음도 습관이다. 미움은 상대방에 대한 불만족스러움이 밖으로 표출되는 것이다. 누군가를 미워하기 위해서는 생각보다 많은 에너지가 든다. 그 사람에게 집중하고 큰 관심을 가져야 하기 때문이다. 그래서 사랑의 반대말은 미움이 아닌 무관심이라 말하는 것이다. 이 미움에는 아이러니한 힘이 있다. 미움의 대상보다 그 마음을 갖게 된 나자신이 더 괴로워지는 결과를 가져온다.

예수님은 죄인인 우리를 사랑하셨다. 우리의 부족함과 흠을 보시고도 미워하지 않으시고 오히려 사랑하셨다. 예수님의 마음속에는 미움보다 큰 사랑이 있기에 미움도 사랑으로 덮어 주셨다. 미워하는 마음이 습관이라면, 사랑하는 마음도 습관이 될 수 있다. 누군가가 미워지기 시작할 때, 미움받아 마땅한 우리를 사랑으로 품어 주신 예수님의 마음을 기억하면 된다.

미움은 우리 마음을 괴롭게 함으로 삶을 무너뜨린다. 그러나 사랑은 우리 마음을 새롭게 함으로 삶을 세워 간다. 사랑은 미움보다 강하다. 미움이 죽음을 이야기한다면, 사랑은 생명을 말한다. 미움이 감정이라면 사랑은 의지다. 누군가가 미워지려 할 때, 그를 사랑해 보자.

마음이 아파요.
마음의 문제가 저를 가장 힘들게 해요.
너무 예민한 것 같아요.

저절로 깨닫고 알게 되는 경우는 많지 않아요.
사랑도 그래요. 배워야 해요.
사랑을 가장 잘 아는 분과 친해져야 해요.

누군가 잘되는 게
너무 싫어요

#질투하는습관

나에게 무슨 피해를 준 것도 아닌데 나보다 뛰어난 점이 있다는 이유만으로 그냥 미워지고 불편해진다. 내 마음의 문제일까? 그 사람의 잘못된 행동 때문일까? 이유는 나도 모르는 사이, 마음속에 시기와 질투가 일어났기 때문이다.

이런 마음은 나만 불편하게 만드는 것이 아니다. 다른 사람들을 퉁명스럽게 대하고, 괜히 짜증을 부려 주변에 좋지 않은 영향을 끼친다. 시기와 질투는 험담과 정죄의 문제로도 이어진다. 그러다 보면 결국 내가 속한 공동체와 인간관계를 병들게도 한다.

우리는 왜 시기와 질투에 마음을 빼앗기는 걸까? 가장 근본적인 이유는 내 안에 하나님의 사랑이 결핍되었기 때문이다. 그 사랑이 결핍될 때는 타인을 향한 시기와 질투가 극성부리기 시작한다. 하지만 하나님의 사랑을 충분히 받는다고 느낄 때는 나보다 뛰어난 사람이 눈에 보이지 않는다.

하나님의 사랑을 회복하는 방법은 어렵지 않다. 우리 안에 사랑 없음을 고백하고, 하나님 앞으로 나아가는 것이다. 우리에게 주어진 삶은 매일매일 하나님의 사랑을 느끼며 살아가기에도 부족하다. 질투와 시기의 끝없는 경쟁 가운데 나를 몰아넣지 말자. 지금 누군가가 부럽다면, 하나님을 충만하게 경험하기 원하는 그 사모함으로 내 마음을 더욱 채우자. 하나님의 사랑만이 시기와 질투에서 나를 자유롭게 하는 해답이다.

시기 질투하지 않는 방법은
하나님을 사랑하는 마음과
맞닿아 있습니다.

누군가를 부러워하거나
시샘하는 마음이 생길 때는
그 사람이 하나님 나라에서
아름답게 쓰임받기를
기도해 보는 건 어떨까요?

그 상황에서
도망가고 싶어요

#회피하는습관

처음부터 회피했던 것은 아니다. 어려운 일을 만날 때마다 피하다 보니 습관이 됐다. 한 번 두 번 피했더니, 이제는 조금만 힘들어도 피하는 방법부터 찾게 된다. 작은 일에도 포기하고 싶고, 별거 아닌 일에도 도망가고 싶어진다. 해야 할 일을 시작만 하면 되는데, 그 출발선에서 아무것도 하지 않고 그저 스스로 불안해 하기만 한다.

회피하는 습관은 새로운 사람들을 만나는 것도 어렵게 만든다. '이렇게 행동하면 나를 이상하게 보지 않을까?' 이런 생각에 지나치게 긴장하고 만남 자체를 회피하게 된다.

그런데 우리가 마주해야 할 문제들이 외면한다고 해결되는 것은 아니다. 작은 문제들을 방치하면 큰 문제가 되기 때문이다. 이 문제를 해결하기 위해서는 먼저 내가 완벽하게 해내야만 칭찬받을 수 있다는 마음을 버려야 한다. "나는 지금 충분히 잘하고 있어. 나는 하나님에게 사랑받는 존재야." 이 말을 언제나 기억하는 것이 중요하다. 이렇게 문제를 회피하지 않고 조금씩 해결하다 보면 용기 있게 문제를 마주하는 나의 모습을 발견할 수 있을 것이다.

예수님도 많은 문제를 만나셨지만 피하지 않으셨다. 우리를 구원하신 십자가 사랑의 끝에 처절한 고통과 괴로움이 있다는 사실을 알고 계셨지만, 결코 뒷걸음치지 않으셨다. 그리고 마침내 그 인내를 통해 구원과 생명이라는 아름다운 열매를 맺으셨다.

예수님이 하나님의 뜻을 잘 이루어 가신 것처럼, 우리도 문제들을 충분히 잘 해결해 갈 수 있다. 때로는 원하는 결과가 나오지 않을 때도 있겠지만. 어려움을 회피하지 않고 도전해 본 그 경험은 지난 시간 경험해 보지 못했던 삶의 소중한 밑거름이 될 것이다. 지금까지 문제들을 만날 때마다 늘 도망치고 회피했다면, 이제는 주님이 주시는 용기로 눈앞의 작은 일부터 마주해 보자.

너무 쉽게
잊고 삽니다

집 앞까지 배웅해 주고 왔는데도 금세 다시 보고 싶어진다. 이미 집으로 들어간 그 자리를 자꾸만 보고 또 보게 된다. 사랑하기에 눈길이 가고, 그 사람이 없어도 여전히 내 눈은 그곳에 머문다. 사랑하면 당연히 그런 것이다.

하나님의 사랑도 그렇다. 삶의 구석구석에 닿아 있는 하나님의 손길이 그 사랑을 느끼게 한다. 이따금씩 넘어지고 무너지는 순간에도 하나님은 여전히 나를 품고 계셨다.

처음 하나님을 뜨겁게 사랑했을 때는 그분의 마음

을 자꾸만 알고 싶었다. 하나님과 깊은 사랑을 나누고 있었을 때, 그분의 눈길이 머무는 곳에 내 마음도 있었다. 눈을 감으면 하나님 생각에 마음이 따뜻해졌고, 눈을 뜨면 하나님 때문에 기분이 좋았다. 흘러가는 시간 속에 하나님의 향기가 배어나지 않을 때가 단 한 순간도 없었다.

지금 나는 무엇을 향해 마음을 쓰고 있을까? 내 눈길을 사로잡는 것들은 무엇일까? 하나님을 향한 사랑이 무뎌지고 있는 것은 아닐까? 사랑해서 다시 보고 싶고 돌아보게 되는 것처럼 하나님과 매 순간 그러고 싶다. 절대로 그 사랑을 잊어버리지도, 잃어버리지도 않고 싶다. 날마다 하나님의 마음에 내 마음을 맞추고, 하나님이 바라보시는 곳을 나도 바라보고 싶다.

내가 착한 사람인 줄
알았습니다

#자기중심적인습관

이기적인 사람들은 알고 보면 겁쟁이다. 그들은 손해 보기 싫어서 안간힘을 쓰는 것 같지만, 사실 상처받는 것이 두려워 자신을 보호하는 것이다. 이런 염려와 불안이 이기적인 행동과 만나 다른 사람들에게 피해를 주게 된다.

공동체 안에서 이기적인 사람들을 만나면 참 힘들다. 이기적인 사람들 때문에 피해를 입더라도 이해하고 배려하는 것이 손해 보는 것처럼 느껴진다. 그런데 사람들 대부분이 이기적인 성향을 가지고 있다는 것만 인정하면 의외로 이 문제는 쉽게 풀린다. 이기적인 상대방의 문제는 그들이 나에게 어떻게 대하는가에 대한 문제가 아니라 내가 그들을 어떻게 대할 것인가 하는 나의 주도권 문제로 바뀌기 때문이다.

상대가 어떻게 행동하든 내가 배려하기로 마음먹었다면, 우리는 그 첫 마음을 잊어버려서는 안 된다. 우리는 베풀기로 마음먹었다면 보상이 돌아올 것을 기대해서는 안 된다. 예수님도 우리에게 그렇게 하셨다. 우리는 예수님의 사랑과 배려를 받을 만한 자격이 없는데도 예수님은 우리의 모든 필요를 채우고 더하셨다.

예수님은 우리가 예수님을 닮아 가기를 원하신다. 예수님은 가시 돋친 사람들을 안아 주셨다. 배려하는 것은 쉽지 않고, 우리에게 아픔을 주기도 하지만 그럼에도 예수님은 그 길을 걸어가라고 말씀하신다.

배려하지 않으면 우리는 이기적이게 된다. 이기적인 삶은 누군가를 반드시 아프게 한다. 예수님은 다른 사람을 아프게 하지 말고, 오히려 우리가 아파하라 말씀하신다. 배려는 아파하셨던 예수님의 옷을 우리 삶에 덧입는 일이다.

맑음

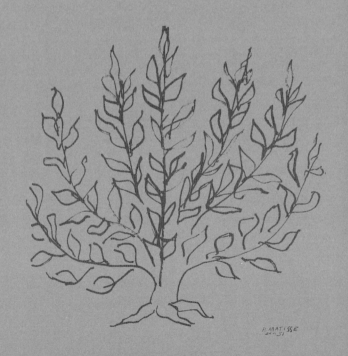

H.MATISSE

하나님은
그런 거 안보십니다

#겉모습을중시하는습관

하나님의 뜻은 우리의 능력으로 이루어지는 것이 아니다. 하나님에게 순종하려는 우리의 마음으로 이루어진다. 그래서 하나님은 조건과 재능보다 우리 마음의 동기를 중요하게 생각하신다. 그런데 우리는 겉모습만으로 사람을 쉽게 평가한다.

우리는 사람을 볼 때 스펙과 조건을 본다. 하지만 하나님에게는 겉으로 드러나는 조건이 그리 중요하지 않다. 출신과 배경보다 중요한 것은 우리를 부르신 분이 하나님이라는 사실이다. 이 사실을 기억하지 못한다면 우리는 다른 사람들보다 높아지는 일에만 관심을 기울일 것이다.

우리는 다른 사람을 겉으로 보이는 조건으로 평가하기에 앞서 나 자신도 다른 사람에게 그러한 모습으로 보이길 원하는지 점검해 보아야 한다. 하나님의 마음에 합한 사람, 하나님의 뜻에 순종하려는 사람이 되기보다 사람의 눈에 능력 있어 보이기를 원하는 건 아닌지 돌아보아야 한다.

세상은 신분이나 배경으로 등급을 나눈다. 그러나 그리스도인들은 그런 세상 속에서 등급을 거부하며 사는 사람들이다. 낮아지고자 할 때 높아지고, 섬기고자 할 때 도리어 섬김을 받는 신앙의 역설을 경험하며 사는 사람들이다.

겉모습만 보고 사람을 판단하는 습관보다는 내면의 아름다움을 발견하는 사람이 되자. 겉으로 드러난 결과보다 마음의 동기를 살피도록 노력하자. 하나님은 우리 마음의 중심을 보신다.

하나님을 기쁘게 해 드리고 싶다면 주님이 바라보시는 곳에 우리의 시선을 두도록 하자. 스펙과 조건으로 평가하는 이 시대 가운데, 가난하고 소외된 자를 찾아가신 예수님의 모습으로 살아가도록 하자. 화려한 빛을 잡으려 허덕이는 인생이 아

니라 따뜻한 마음의 온기를 가진 우리가 되도록
하자.

왜 자꾸 남에게
인정받고 싶을까?

돋보이고 싶다. 남들보다 뛰어나다는 걸 드러내고 싶다. 그래서 사람들이 나를 주목하고 부러운 시선으로 바라보게 하고 싶다. 그런데 아이러니하게도 다른 사람의 시선을 끌기 위한 이런 노력은 사람들의 시선에 이끌려 가는 결과를 가져온다.

우리는 왜 그토록 특별한 사람이 되고 싶어 하는 걸까? 왜 사람들의 시선과 평가가 신경 쓰일까? 특별해 보이려고 남을 너무 의식하며 살다 보면 자신을 너무나도 피곤하고 지치게 만드는데도 말이다.

우리 마음 깊은 곳에는 '다른 사람에게 인정받고 싶은 욕구'가 있다. 그래야지 내 존재 가치를 드러낼 수 있을 거라고 생각한다. 하지만 이미 우리는 하나님에게 특별한 사람이다. 그 어느 누구도 같지 않고, 각자가 독특하며 특별하다. 하나님에게 우리는 단 하나의 사람이다.

특별해지려고 애쓰고 노력하지 않아도 하나님은 우리를 특별하게 바라보신다. 우리는 하나님에게 이미 인정받은 사람이다. 신앙생활도 그렇다. 하루하루가 특별해야만 하나님이 인정해 주시는 게 아니다. 매일 같은 모습에 지루해 보여도 괜찮다. 우리보다 앞서 걸어간 믿음의 선배들의 발자국을 묵묵히 따라가는 것을 하나님은 귀하게 보신다.

평범하다는 것은 꾸준하다는 말의 다른 표현이다. 변하지 않고 늘 성실해야 평범해질 수 있다. 우리의 믿음이 평범해 보인다고 마음 상할 필요는 없다. 하나님은 꾸준하고 성실한 우리의 평범한 믿음을 기뻐하신다.

뒷담화를 즐기는
사람들

유독 남 이야기하는 것을 즐기는 사람들이 있다. 이런 사람의 이야기를 들어 보면 자기 삶의 이야기는 거의 없고, 온통 다른 사람의 이야기뿐이다.

이런 사람은 대부분 자존감이 낮다. 내면에 스스로 채워지지 않는 갈급함 때문에 결국 타인의 이야기로 그 공허함을 채우는 것이다. 자신에 대한 만족함이 없으면 자꾸만 다른 사람과 비교하게 되고, 그 농도가 짙어지면 시기와 미움으로 자라게 되어 결국엔 험담이 된다.

험담이 처음에는 불편하겠지만, 이내 자연스럽게

입술에 붙어 오히려 쾌감을 준다. 험담은 우리가 버려야 할 습관들 중에서도 손꼽힐 정도로 가장 나쁜 습관이다.

지금까지 다른 사람을 험담하는 데 취해서 자신의 입을 미움의 도구로 사용했다면, 이제부터는 남을 칭찬하고 높여 주는 깨끗한 사랑의 입으로 사용해 보자.

우리 삶에는 불평보다는 감사가, 우리 입에는 험담보다는 칭찬이 가득하기를 간절히 기도한다. 험담으로 남을 미워하는 당신보다 칭찬으로 남을 사랑하는 당신이 훨씬 아름답다.

감출 수
없는 것

#함부로말하는습관

"하나님, 말을 잘하게 해주세요." 우리가 이런 기
도를 드리면 하나님은 이렇게 말씀하실 것이다.
"말을 잘하고 싶다면 잘 살아 내는 것이 먼저다."
정말 그렇다. 기분 내키는 대로 말하는 사람은 평
소에도 기분 내키는 대로 사는 사람이다. 말을 급
하게 하는 사람을 보면, 무언가를 채우지 않으면
불안하기 때문에 끊임없이 말하는 것이다. 삶의
태도가 말의 습관을 결정한다.

말의 내용은 어떨까? 우리 안에 한 번도 생각하지
않은 말이 근거 없이 튀어나오는 경우는 없다. 그
동안 마음속에 쌓아 두었던 말들이 입 밖으로 나

오는 것이다. 말하는 것이 무엇이든 마음속에 있는 것들이 얼굴에도 묻어난다. 마음을 잘 숨기고 말하는 사람도 있지만 오래 가지 않아 반드시 드러난다. 감춘다고 가려지는 것이 아니다.

나는 마음에 무엇을 담고 있는가? 오늘 나의 입술을 통해 흘러 나가는 말들은 예수님도 기뻐하시는 말들일까? 예수님은 정말 더럽고 악한 것은 사람의 입으로 들어가는 것이 아니라 밖으로 나오는 것이라고 말씀하셨다. 내 입에서는 무엇이 밖으로 나오고 있을까? 한 샘물에서 맛이 다른 두 가지 물이 나올 수 없듯이 입에서도 축복과 저주의 말이 동시에 나올 수 없다. 입은 오직 한 개의 문이다.

말하는 태도는 대상을 바라보는 태도이기도 하다. 나는 어떤 눈으로 사람을 바라보고 있을까? 나는 독을 퍼트리는 사람인가, 사랑을 퍼트리는 사람인가? 다른 사람을 찌르며 아프게 하는 말 대신 사랑을 느끼게 해줄 수는 없을까? 분노나 불평 대신 다른 마음으로 먼저 살피고 예수님이 나를 바라보시는 그 마음으로 바라볼 수는 없을까?

안경을
바꾸어 쓰다

#부정적인습관

남들이 그냥 지나치는 문제를 예리하게 바라보는 시야는 필요하다. 그러나 모든 관점이 부정적이고 날카롭다면 이야기는 달라진다. 말과 행동은 다른 사람에게 영향을 끼치기 때문이다. 좋지 않은 생각과 말을 행동으로 옮길 때에는 목적이 분명해야 한다. 방향성을 잃은 부정적인 말과 행동은 자신을 제외한 모두를 불편하게 만든다.

우리는 왜 부정적이게 되었을까? 부정적인 삶의 태도는 성격이 아니라 습관이 만들어 낸 결과이다. 이 태도는 한 번의 큰 경험으로 만들어지지 않고 여러 번의 습관이 쌓여서 이루어진다.

그리스도인이라고 해서 삶의 모든 일이 순조롭게 풀리는 것은 아니다. 때로는 사방에 욱여쌈을 당하기도 하며 폭풍우가 몰아치는 바다 한 가운데 던져지기도 한다. 그럴 때에는 비판적이고 부정적인 생각에 사로잡히기 쉽다. 그러나 믿음의 본질은 어려움 없는 삶이 아니라 어떤 상황에서도 변함없이 하나님을 신뢰하는 것이다.

'거봐, 그럴 줄 알았어. 내 인생은 안 좋은 방향으로 흘러갈 거야.' 늘 위축되고 타인의 눈치를 많이 보고 살아왔다면 이제는 나를 갉아먹는 부정적이고 비관적인 언어를 하나님을 신뢰하는 믿음의 언어로 바꾸어 보자. 나뿐만 아니라 내 주변에 부정적인 사람들을 변화시키는 놀라운 일을 보게 될 것이다.

상황은 바꿀 수 없어도, 나의 생각과 모습은 바꿀 수 있다. 불안과 의심은 나를 더욱 부정적인 생각으로 몰아넣는다. 이제부터는 부정적인 생각이 나를 감쌀 때마다 어려움에서 피할 길을 주시는 하나님을 신뢰하자. 하나님은 언제나 옳으시다. 그분의 선하신 계획 안에서 우리는 안전하다.

첫사랑,
어떻게 회복하는 거죠?

#열정없는습관

___

우리에게는 하나님과의 첫사랑이 있다. 예수님을 처음 믿게 되었을 때 느꼈던 감격, 하나님을 위해서라면 무엇이든 할 수 있을 것만 같은 사랑과 열정에 휩싸였던 때 말이다. 그때는 매일 기도하고, 성경을 읽으며 하루를 시작했다. 교회와 다른 사람을 위한 섬김과 희생에 내 힘과 시간을 쏟아 부어도 전혀 아깝지 않았다.

그런데 첫사랑은 오래 가지 않았다. 구원의 뜨거웠던 감격이 사그라질 때쯤 그 사랑도 식어 갔다. 하나님의 은혜는 당연한 것들로 여겨졌다. 말씀과 기도보다 즐겁고 가치 있다고 생각하는 다른 일들이 눈에 보이기 시작했다.

첫사랑을 잃어도 살아가는 데 큰 불편함이 없었다. 누구도 지적하거나 다그치지 않았다. 하나님과 나만 아는 문제였다. 마음 한편에 작게나마 남아 있는 죄송함과 부담감 정도가 불편함의 전부였다. 그렇게 하나님과 조금씩 멀어져 갔다.

우리는 어떻게 첫사랑을 회복할 수 있을까? 첫사랑은 우리의 뜨거운 감정이나 열심으로 회복되는 것이 아니다. 하나님이 어떠한 값을 치르고 우리를 구원하셨는지를 날마다 기억하는 것, 이것이 첫사랑을 잊지 않고 살아가는 방법이다.

우리가 어떤 존재였는지를 잊어버리면 그 사랑은 종교적인 행위가 될 수밖에 없다. 죽을 수밖에 없는 죄인이었던 우리가 구원받고 하나님을 만날 수 있게 된 그 은혜를 기억하지 못할 때 첫사랑은 사라져간다. 우리가 구원받은 첫사랑의 기억은 우리가 그분과 거리가 멀어질 때 언제고 돌아갈 수 있는 이정표가 된다. 그리고 우리를 구원하신 그 사랑은 결코 변하지 않는다.

나에게 사랑 없음을 느낄 때
우리는 하나님에게 나아가야 합니다.

사랑은 내 안에서 나오는 것이 아니라
하나님에게서 나오기 때문입니다.

예수님을 믿어도
성경은 안 읽어요

#말씀을멀리하는습관

성경 읽기는 말처럼 간단하지 않다. 시간을 쪼개야 하고, 마음을 모아야 한다. 습관적으로 빠르게 훑어 읽는 성경은 결코 우리 삶에 큰 힘이 될 수 없다. 신앙생활은 그냥 하면 될 것 같아도 '바른' 신앙생활을 하려면 반드시 노력이 필요하다.

저절로 자라는 신앙은 없다. 씨앗을 심어 가꾸고 길러야 열매 맺듯, 신앙도 기도와 말씀을 심고 정성껏 가꾸어야 자란다. 교회를 다닌다고 해서 모두가 믿음이 있는 것이 아니듯, 하나님을 믿는다고 말하는 입술의 고백만으로는 결코 신앙이 성장하지 않는다.

친구와 만날 때도 시간을 정해야 그 약속이 지켜지듯, 성경을 읽으며 하나님과 교제하는 것도 마찬가지다. 하루의 삶 가운데 말씀에 집중할 수 있는 시간을 정하고 장소를 구별해 놓는다면 더 깊게 성경을 읽을 수 있다.

눈에 보이지 않는 하나님을 사랑하는 방법은 눈에 보이는 성경을 읽는 것에서 시작한다. 하나님이 자신이 누구인지 알려 주시는 성경. 우리를 사랑하시는 마음을 담아 놓으신 성경. 우리는 하나님 말씀을 읽지 않고서는 결단코 하나님을 알 수 없다. 하나님과 피상적인 관계가 아닌 사랑하는 관계가 되기 원한다면, 하나님을 바로 알고 더 사랑하기 원한다면 우리가 먼저 하나님 말씀 앞에 바로 서는 것부터 시작해야 한다.

우리는 삶을 바로 세우고 싶어 하지만
정작 성경은 읽지 않습니다.

하나님의 말씀이
우리를 변화시킨다는 말에는
고개를 끄덕이지만,
내 삶을 변화시킬 것이라고는
믿지 않는 것 같습니다.

성경을 읽어 봅시다.
분명 삶이 변화되기 시작할 거예요.

난 무슨 문제든
다 해결할 수 있어

기독교는 하나님을 의지하는 종교다. 개인의 능력과 힘을 증명해 보여야 하는 세상의 기준과는 다르다. 그래서 기독교를 믿는 사람들은 몹시 나약해 보이기도 한다. 하지만 우리가 의지하는 하나님은 세상 어느 누구보다도 강하고 능하시다. 우리는 그분을 온전히 의지할수록 그분의 능력과 힘을 덧입게 된다.

그런데 그 능력의 하나님을 믿는다고 말하면서도 하나님을 온전히 의지하지 못할 때가 있다. 내 경험과 지식이 스스로 할 수 있다고 착각하게 만들 때가 있다. 우리 삶의 목적이 어떤 문제에 대한 해결책을 찾는 것이라면 상관없다. 그러나 인생의 진정한 목적이 하나님이 내 삶의 주인 되심을 고백하는 것이라면 이야기가 달라진다.

하나님은 우리가 겪는 모든 상황에 함께하시길 원하신다. 우리 스스로 어려움을 극복해 나가는 것보다 하나님의 도우심으로 우리의 문제를 해결하는 것을 기뻐하신다. '스스로'라는 말은 독립적이고 적극적인 태도지만, 하나님 앞에서는 '의존적'인 것이 훨씬 바른 신앙이다.

지금껏 자신을 의지하던 삶의 방향을 바꾸어 하나님을 의지하는 자리로 나아가야 한다. 그분 앞에 나아가 나의 연약함을 인정하고 도움을 구하는 것, 이것이 바로 기도다. 기도하는 것이 하나님을 의지하는 가장 좋은 방법이다. 기도함으로 그분 앞에 나아가자. 스스로 문제를 해결하려 하지 말고, 하나님에게 해결책을 받는 '의지하는 습관'이 우리에게 필요하다.

그리스도인은
참 무책임해요

#기다리기만하는습관

그리스도인은 무책임하다는 이야기를 많이 듣는
다. 어떤 문제가 생기면 하나님에게 맡기고 의지
하며 일을 처리해 가는 것이 아니라 하나님에게 맡
긴다고 하면서 해야 할 일은 하지 않기 때문이다.

"하나님이 알아서 해 주시겠지"라는 그럴 듯한 말
로 우리에게 주어진 몫을 가벼이 여겨서는 안 된
다. 그것은 무책임한 삶이다. 우리는 하나님의 일
하심을 기대하는 만큼 우리의 최선을 다해야 한
다. 그리고 그 최선 위에 하나님의 인도하심을 기
대하며 기다려야 한다.

살다 보면 우리 힘으로는 넘을 수 없는 높은 벽을 만나기도 한다. 그때 할 수 있는 일은 고개를 들어 하나님을 바라보고 손을 뻗는 것이다. 의지한다는 것은 손 내밀어 주시는 하나님을 바라보고 힘을 내어 나아가는 것이다. 그저 가만히 서서 문이 열리기만을 막연히 기다리는 것이 아니다.

하나님의 손은 가만히 누워만 있어서는 잡을 수 없다. 손을 잡을 힘조차 없다고 말하지 말자. 아무리 힘들어도 우리가 할 수 있는 것이 바로 기도다. 하나님은 연약한 사람들을 통하여 일하기를 즐겨 하시며, 당신만을 의지하는 낮은 자를 통해 일하신다.

선은 절대로
넘지 않겠어

#무절제한습관

절제는 긴장감과 연결되어 있다. 삶에 긴장감이 떨어질 때 우리는 절제하지 못한다. 절제는 삶의 보이지 않는 선을 절대로 넘어가지 않겠노라 다짐하는 것이다. 그러나 강압적인 절제함은 오히려 우리 삶을 피곤하게 만든다. 따라서 건강하게 절제하는 방법이 필요하다.

절제하지 못하는 삶은 방향을 잃는다. 하고 싶은 것을 마음대로 하는 삶이 진정한 자유인 것처럼 느껴질 때가 있다. 그러나 대부분의 문제와 사고는 원하는 것을 멈추지 못할 때 일어난다. 결국 우리로 하여금 적당한 때에 멈추게 하는 절제는 삶의 중요한 안전장치가 된다.

성경도 우리가 절제하며 살기를 요구한다. 그리스도인으로서 절제하는 삶은 신앙생활에도 큰 유익이 된다. 바울은 진정한 자유는 하나님 안에서 찾을 수 있다고 말한다. 우리가 하나님 안에서 절제할 때, 비로소 하나님의 선이 보이기 때문이다.

하나님은 우리가 살아가면서 항상 하나님만 바라보기를 원하신다. 선을 넘느냐 넘지 않느냐보다 중요한 것은 매 순간 하나님을 의식하고 바라보는 그 마음과 태도다. 절제는 우리가 하나님을 바라볼 수 있도록 매 순간 기회를 준다.

인내라는 성령의 열매를 맺기 위해서는 반드시 절제의 단계를 거쳐야 한다. 내 욕망이 하나님의 뜻을 넘어서지 못하도록 참아 내는 것. 지금보다 중요한 것들이 있음을 알고 견뎌 내는 것. 절제를 통해서 인내로 가는 길이 열린다. 무절제함을 버리는 과정을 통해 하나님은 우리를 인내의 자리까지 인도하신다.

내가 기부하지
못하는 이유

#나누지못하는습관

무조건 나누어 주는 것만이 정답은 아니지만, 받는 것에만 익숙해지면 삶의 균형이 깨진다. 받는 것과 나누는 것, 이 둘이 조화를 이루지 못하면 관계들도 끊어진다. 실제로 받기만 하는 인간관계는 문제가 많이 생긴다.

무언가를 받는다는 것은 참 기분 좋은 일이다. 누군가를 통해 우리에게 필요한 것들이 공급되는 것은 하나님의 은혜다. 그러나 이렇게 계속 받기만 하다 보면, 정작 나눠야 할 때 망설이게 된다. 받는 것에 길들여져 결국 모든 것이 자신의 '소유'라는 마음이 생겼기 때문이다.

내가 가진 것도 진정한 내 것이 아니라는 마음이 우리에게 있어야 한다. '무소유자'가 되자는 말이 아니다. 모든 것의 소유권이 하나님에게 있다는 사실을 기억하자는 의미다. "거저 받았으니 거저 주라"는 예수님의 말씀은 우리를 결코 무소유자로 만들지 않는다. 그 말씀은 우리가 받는 것에만 즐거움을 누리는 것이 아니라 나누는 일에도 힘쓰게 만든다.

나누면 채워진다. 채워지면 더 나누게 된다. 하나님 나라는 이런 비밀이 가득하다. 하나님은 이 비밀스러운 은혜의 바다로 우리를 초대하신다. 물이 고이면 썩는 것처럼 우리의 나눔과 섬김도 고이면 썩게 된다.

하나님을 기쁘시게 하는 일로 고민하고 있다면 일단 나눔의 자리에 서 보자. 나눔은 우리가 이 땅에서 나그네로 잘 살아가고 있음을 증명하는 도구다.

나누며 살고 있나요?
나에게는 아무것도 남지 않도록
아낌없이 주고 있나요?

주기만 하면 당하게 된다고 말하는
세상 논리에 따라
계산적으로 상대를 대하고 있지는 않나요?

절대로 아까워하지 맙시다.
최선을 다해 나눕시다.

이 세상에서 내 것이라 여기는 것들은
모두 하나님의 것이니까요.

새로운 사람이 되어
나타날래요

#과거에머무르는습관

_____

과거의 일에 머무는 것을 즐겨하는 사람이 있다. 좋은 기억은 추억 속에 있을 때 가장 아름답다. 하지만 아이러니하게도 이전의 좋았던 경험이 발목을 잡고 앞으로 나아가지 못하게 만들기도 한다. 아무리 좋은 경험이라도 발걸음을 내딛지 못하게 한다면 그것은 오히려 방해가 될 뿐이다.

현실이 몹시 힘들 때 기억의 왜곡이 생긴다. 광야에서의 힘든 시간을 보낸 이스라엘 백성은 더 괴로웠던 애굽에서의 시간들을 그리워했다. 광야의 삶을 모두 포기하고 돌아가고 싶어 했다. 이럴 때일수록 과거의 기억이나 현실에 머무르지 말고,

다가오는 하나님의 시간들을 바라보아야 한다.

어제의 믿음이 오늘의 신앙을 보장하지 않는다. 만나가 매일 필요했던 것처럼, 우리 믿음도 매일 새로워져야 한다. 어제의 믿음은 어제만으로 충분하다. 오늘이 어제와 다르길 바라는 우리 마음처럼 믿음도 새롭게 채워져야 한다.

우리가 과거에 오래 머물고 싶어 하는 이유는 새로운 날들에 대한 불확실함 때문이다. '그 정도로 좋은 날이 다시 올까'에 대한 불안함 때문이다. 하지만 하나님은 우리가 만나는 새날에 새로운 기회를 주시는 분이다. 그리고 앞으로 맞이할 새날에 함께하신다. 새 포도주가 새 부대에 담기듯, 하나님이 주시는 기회들을 새날에 가득 담아 보자.

당연히
봄이 오는 줄 알았다

#감사하지않는습관

봄이 온다고 했다. 벚꽃 아래 옹기종기 모여 사진 찍는 계절이 왔는가 보다 했다. 가끔 불어오는 봄바람에 설레기도 했지만 겨울이 지나니 당연히 봄이 왔다고 생각했다.

그러나 싹을 움틔우기까지 겨우내 하나님이 감싸고 돌보셨다는 것은 보지 못했다. 당연시했지만 당연한 것이 아니었다.

여름이 온다고 했다. 무더운 날에 매미 우는 소리로 시끄러워지겠구나 생각했다. 햇빛을 피해 나무 그늘 아래 섰다. 불어오는 바람에 시원함을 느끼며 여름을 보내고 있었다.

그러나 푸르른 나무들이 자라고 그늘을 만들기까지 가꾸고 돌보신 하나님의 손길은 보지 못했다. 당연시했지만 당연한 것이 아니었다.

가을이 온다고 했다. 길가에 흩날리는 낙엽들이 괜스레 마음을 쓸쓸하게 할 거라 생각했다. 푸르고 높은 하늘은 바라보기만 해도 가슴이 뻥 뚫렸다. 그렇게 가을이 지나나 싶었다.

그러나 곡식이 익어 추수하기까지 한 해 동안 정성스레 기르신 하나님의 수고로움은 보지 못했다. 당연시했지만 당연한 것이 아니었다.

겨울이 온다고 했다. 소복이 쌓인 눈은 보기에만 좋지 걷기에는 불편할 거라며 투덜거렸다. 그래도 이따금씩 세상을 하얗게 덮는 흰 눈이 내릴 때면 어린 시절로 돌아가는 것 같아 미소 지었다.

그러나 봄, 여름, 가을 동안 수고한 세상에 쉼과 회복을 주시는 하나님의 사랑은 보지 못했다. 당연시했지만 당연한 것이 아니었다.

보이는 세상 속에 보이지 않는 하나님의 손길이 있다. 우리가 느끼지 못해도 하나님은 세상을 가꾸어 가고 계신다. 당연한 것은 단 하나도 없다. 오직 감사할 일들만 가득할 뿐이다.

한번 해 볼게요. 하나님.

버리기 잘한 습관들

삶을 바로 세우는 신앙의 원칙

2023년 8월 25일 초판 1쇄 인쇄
2024년 4월 15일 초판 5쇄 발행

지은이 박길웅

펴낸이 고태석
디자인 김수진 | 엔드노트
편집 프롬와이

펴낸곳 구름이 머무는 동안
출판등록 2021년 6월 4일 제2022-000183호
이메일 cloud_stays@naver.com
인스타그램 @cloudstays_books

ISBN 979-11-982676-3-4 (03230)

© 박길웅, 2023

· 이 책의 저작권은 저자와 구름이 머무는 동안이 소유합니다.
· 이 책은 신저작권법에 의하여 보호받는 저작물이므로 무단 전재와 복제를 금합니다.
· 이 책의 전부 또는 일부를 이용하려면 반드시 저자와 구름이 머무는 동안의
  서면 동의를 받아야 합니다.
· 파손된 책은 구입하신 곳에서 교환해 드립니다.